A

SYMBOLISME DE L'ÉCRITURE S

PAR

DOM GEORGES LEGEAY

Bénédictin de la Congrégation de France

(Extrait de la *Science Catholique*, 11e année)

SUEUR-CHARRUEY
IMPRIMEUR-LIBRAIRE-EDIT

ARRAS
10, rue des Balances

PARIS
rue de Rennes

1896

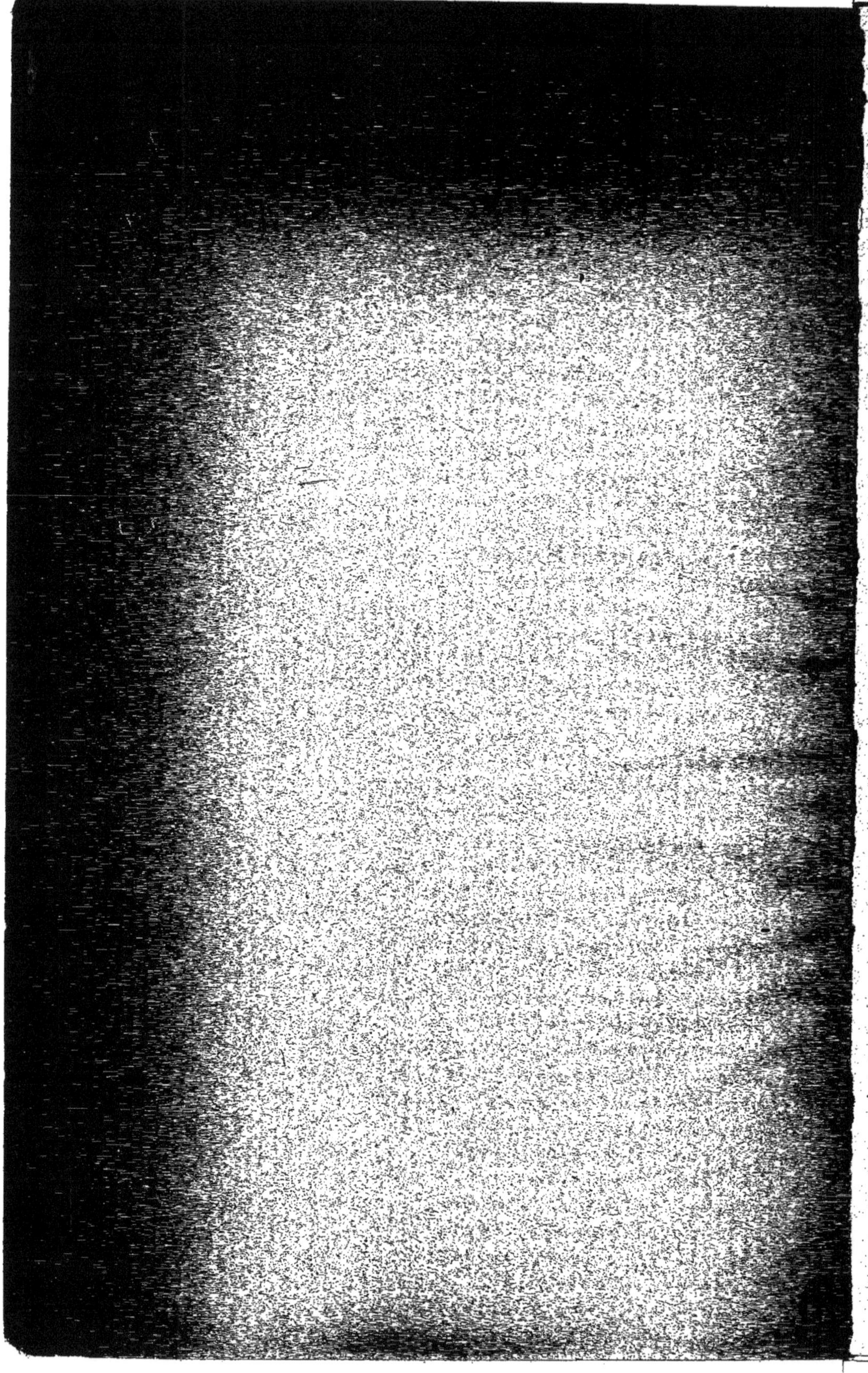

ETUDES

SUR LE

SYMBOLISME DE L'ECRITURE SAINTE

ÉTUDES

SUR LE

SYMBOLISME DE L'ÉCRITURE SAINTE

PAR

DOM GEORGES LEGEAY

Bénédictin de la Congrégation de France

(Extrait de la Science Catholique 11e année)

SUEUR-CHARRUEY

IMPRIMEUR-LIBRAIRE-ÉDITEUR

ARRAS — PARIS

10, rue des Balances — rue de Rennes, 88

1896

ÉTUDES SUR LE SYMBOLISME DE L'ÉCRITURE SAINTE

LA VIGNE ET LA GRAPPE DE RAISIN FIGURE DE NOTRE SEIGNEUR

I

Dieu, en créant l'univers, en a fait comme un grand livre où nous devons le retrouver partout dans les créatures. Saint Paul nous enseigne que les philosophes païens qui n'ont pas voulu l'y voir, sont inexcusables ; car, dit-il, par les choses visibles de ce monde, nous connaissons les choses invisibles, et le créateur se manifeste clairement par les merveilles de sa création (1).

Notre Seigneur descendu sur la terre pour notre salut, a daigné pour mieux se faire connaître aux hommes, emprunter à la nature créée des similitudes et des images, au moyen desquelles nous pouvons plus facilement, autant que le permet notre faiblesse, le contempler et adorer ses perfections infinies. Lui-même s'attribue des noms qu'il emprunte aux êtres qu'il a créés. Il se nomme la pierre angulaire, il est le lion de la tribu de Juda, le serpent d'airain, il s'appelle l'étoile du matin, il est la vigne dont nous sommes les rameaux,... et combien d'autres noms semblables pourrions-nous citer encore, sous lesquels il est désigné dans la sainte Écriture.

Mais la jalousie de Satan est venue souiller cette création, qui dans les desseins divins devait conduire les hommes à la connaissance de leur créateur. Non seulement il l'a détournée de son but en faisant pour le genre humain un instrument de damnation par le culte idolatrique rendu aux créatures, mais encore, comme le dit Tertullien, véritable singe de Dieu, il l'a salie et profanée, en s'appropriant les noms et les symboles par lesquels Notre Seigneur s'était manifesté à nous. Il est la pierre de scandale, le lion rugissant qui cherche à nous dévorer, le serpent du

(1) Rom. 1, 20.

paradis terrestre, l'étoile étincelante tombée du ciel. Il est cette vigne maudite dont le vin est comme le fiel des dragons, le raisin, un fruit d'amertume.

Saint Méthodius nous enseigne cette vérité lorsqu'il écrit dans un de ses ouvrages : Le démon cherche toujours à se parer de l'apparence et de l'éclat de la vertu et de la justice, non pas pour les pratiquer réellement, mais par ruse et par hypocrisie, pour attirer traitreusement à la mort, ceux-là même qui fuient la mort. Il se farde des apparences de l'immortalité ; c'est pour cela qu'il veut paraître sous le symbole du figuier et de la vigne, faire croire qu'il est la source féconde de la douceur et de la joie ; il se transforme ainsi en ange de lumière, attirant dans ses filets de nombreuses victimes sous l'apparence de la religion. Nous trouvons en effet, ajoute le saint Docteur, deux espèces de figues et de vignes, de bonnes figues et très bonnes, et des mauvaises et très mauvaises, un vin qui réjouit le cœur de l'homme (1), un autre vin semblable au fiel des dragons, au venin mortel des aspics (2)...... Nous apprenons des saintes Écritures, dit-il encore ailleurs, qu'il y a deux espèces de vigne d'origine diverse et entièrement dissemblables, l'une source d'immortalité et de justice, l'autre engendrant la fureur et la démence. La première, source de pureté et d'allégresse, est Notre Seigneur Jésus-Christ. De ses enseignements naissent ces fruits, ces dons célestes qui distillent la charité, comme la vigne produit suspendues à ses rameaux les grappes de raisin. Il dit lui même à ses apôtres : Je suis la vigne véritable, vous êtes les rameaux, mon père est le vigneron (3). L'autre vigne sauvage et qui donne la mort, distille le venin de la colère et de la rage, c'est le diable. C'est d'elle que nous parle Moyse lorsqu'il écrit : leur vigne, c'est la vigne de Sodome et de Gomorrhe, leur fruit, est un fruit rempli de fiel, leur raisin, un raisin plein d'amertume (4).

Cette vigne, dit saint Basile, c'est la vigne plantée en Sodome, qu'entretiennent et cultivent les habitudes coupables des pécheurs, qui prêtent leur ministère au diable dont ils sont les mercenaires. Aussi ceux qui, rejetant le Seigneur, suivent et recherchent le bon plaisir du démon ceux-là se sont entièrement séparés de cette vigne véritable qui dit d'elle-même : Je suis la vraie vigne. Ils sont les rameaux de la vigne de Sodome et de Gomorrhe ; aussi le fruit qu'ils produisent est un fruit d'amertume et de fiel (5).

(1) Ps. 103, 15.
(2) Conv. x. Virg. Or. 10. c. 5. P. G. 18. 200. Deut. 32-33.
(3) Joan. 15, 1, seqq.
(4) Conv. x, Virg. Or. 5, c. 5. P. G. 18, 105. Deut. 32. 32-33.
(5) Deut. 32. 32. Comment. in. Is. c. 16, n° 309. P. G. 30. 657

Notre Seigneur a voulu lui-même nous expliquer et nous développer la mystérieuse signification de ce symbole. Je suis la vigne véritable, dit-il, et mon père est le vigneron. Il retranchera toute branche qui ne portera pas de fruit en moi, et celle qui porte du fruit, il l'émondera pour qu'elle en produise plus encore..... Demeurez en moi et moi en vous. De même que le sarment ne peut de lui-même produire de fruit, s'il ne tient au cep de vigne, il en sera de même pour vous si vous ne demeurez pas en moi. Je suis la vigne, vous êtes les branches. Qui demeure en moi et moi en lui produit beaucoup de fruit. Sans moi, en effet, vous ne pouvez rien faire. Celui qui ne restera pas en moi sera rejeté comme un sarment inutile, il séchera, on le ramassera et jetera au feu dans lequel il sera consumé (1).

Par cette comparaison si expressive, Notre Seigneur veut nous faire comprendre à quelle union intime il nous appelle avec lui. Il veut, comme il le dit ailleurs, que nous ne fassions qu'un avec lui et Dieu son Père (2), et il exprime cette vérité en développant le sens profond de ce nom de vigne qu'il se donne à lui-même. Sans lui nous ne pouvons rien faire, si nous l'abandonnons, nous ne sommes plus qu'un bois inutile bon à jeter au feu, au contraire si nous lui restons attachés, en ce cas, dit-il, tout ce que vous voudrez demander, vous l'obtiendrez (3).

Mais, quelle est cette union ? Comment s'opérera-t-elle ? C'est par la très sainte humanité de notre divin Sauveur, comme saint Augustin nous l'explique dans son commentaire sur saint Jean. Ce texte de l'Évangile, dit-il, où Notre Seigneur s'appelle la Vigne, et dit à ses disciples qu'ils en sont les rameaux, il faut l'entendre en ce sens qu'il est le chef de l'Église, que nous sommes ses membres, il est l'homme, le Christ Jésus, médiateur entre Dieu et les hommes. La vigne et ses branches ont une même nature. C'est pourquoi, comme nous ne pouvions atteindre à sa nature divine, il s'est fait homme, afin que la nature humaine fut en lui comme la vigne dont nous pourrions être les branches. Lorsque Jésus dit : Je suis la vraie vigne (4), c'est pour se distinguer de celle à qui il est dit : Comment, vigne étrangère as-tu été transformée en vigne d'amertume (5) ? Comment, en effet, pourrait-il se faire, qu'elle fut la vigne véritable, celle qui n'a produit que des épines au lieu des raisins qu'on en espérait (6) ?

(1) Joan. 15. 1-5.
(2) Joan. 17. 21.
(3) Joan. 15. 7.
(4) Joan. 15. 1.
(5) Jer. 2. 21.
(6) Is. 5. 4. Tract. in Joan. 80. n° 1. P. L. 35. 1818.

Saint Augustin ne fait ici que reproduire l'enseignement des docteurs qui l'ont précédé. Entendons Origène interprétant ce texte de la Genèse : Il attachera son ânesse à la vigne (1). Ceci, dit-il, doit s'entendre proprement et uniquement du Christ. Lui-même a attaché à la vigne le petit de l'ânesse, qui a dit : Je suis la vigne véritable (2). Le Christ est appelé vigne, en tant qu'il a revêtu la nature humaine. C'est à cette nature humaine que Dieu le Verbe attache son ânon, je veux dire le peuple qu'il s'unit, l'associant à la vie que lui-même a menée dans la chair, afin qu'en l'imitant, il devienne avec lui, fils de Dieu, cohéritier du Christ (3).

Saint Athanase nous dit à son tour : En tant que Verbe, le Christ ne peut avoir personne qui lui ressemble et soit ce qu'il est, car il est le Fils unique du Père ; mais fait homme, il a des semblables, ceux qui ont une chair comme celle qu'il a prise lui-même..... Il est la vigne et nous lui sommes unis comme les rameaux le sont au cep. Cette union existe, non pas selon la nature divine, c'est impossible, mais selon la nature humaine, parce que selon la chair nous lui sommes semblables. Or la vigne et ses rameaux doivent nécessairement être de même nature (4).

Saint Cyrille d'Alexandrie dans son commentaire sur saint Jean développe admirablement cette doctrine et nous explique le mystère de cette union. Je suis la vraie vigne, et mon Père est le vigneron. Voulant, dit le saint Docteur, nous montrer comment il convient que nous nous attachions à lui par l'amour, et quel profit nous retirons de notre union avec lui, Notre Seigneur se sert d'une comparaison, il est la vigne, dit-il, et les branches sont ceux qui lui sont unis, rattachés et fixés en lui, pour ainsi dire, ils deviennent en quelque sorte participants de sa nature (5), par le Saint-Esprit qu'ils ont reçu, car, ce qui nous unit au Christ Sauveur, c'est son divin Esprit..... Notre Seigneur s'appelle lui-même la Vigne, mère nourricière des rameaux du cep. Nous sommes en effet régénérés par lui et en lui dans l'Esprit saint pour produire des fruits de vie, non pas de notre ancienne vie d'autrefois, mais d'une vie renouvelée dan la foi et dans son amour..... Comment sommes-nous dans le Christ et lui en nous ? Saint Jean nous l'enseigne lorsqu'il dit : Nous savons que nous demeurons en lui et qu'il demeure en nous, parce qu'il

(1) Gen. 49. 11.
(2) Joan. 15. 1.
(3) In Gen. Hom. 17. n° 7. P. G. 12, 259.
(4) Cont. Ar. Or. 2. n° 74. P. G. 26. 304.
(5) 2 Petr. 1. 4.

nous a donné son Esprit (1). Et encore : Nous reconnaissons que nous sommes à lui à ceci (2) : Celui qui dit demeurer en lui doit agir comme lui-même a agi (3) ; et parlant encore plus clairement à ceux qui l'écoutent : Celui qui garde ses commandements demeure dans le Christ et le Christ en lui (4). Elle est donc bien vráie la parole de saint Jean, puisque l'observation des commandements produit la charité, et que la charité nous unit à lui. De même que le cep de vigne communique aux rameaux sa nature et ses qualités, de même le Verbe unique de Dieu communique aux saints une sorte d'affinité avec sa propre nature et celle du Père, par le Saint Esprit qu'il donne à ceux qui lui sont unis par la foi et la sainteté, nourrissant leur piété, leur enseignant toute vertu et toute bonne œuvre.

Mais il appelle le Père vigneron, pourquoi cela ? C'est que le Père ne reste pas vis-à vis de nous oisif et sans action, tandis que son Fils nous entretient et nous nourrit par l'Esprit saint. En effet, l'œuvre de notre restauration surnaturelle est l'ouvrage de la sainte et consubstantielle Trinité. La volonté et la puissance qui agissent alors sont communes à la nature divine tout entière. Aussi c'est la Trinité tout entière que nous glorifions par l'hommage rendu à une seule des personnes. Nous appelons Dieu notre Sauveur non pas en rendant nos actions de graces, pour une partie au Pére, pour une autre au Fils lui-même ou au Saint-Esprit, mais nous confessons que notre salut est vraiment l'œuvre de la Divinité tout entière. Si nous paraissons attribuer en particulier à l'une des personnes quelqu'une des opérations divines vis-à-vis de nous ou des créatures, nous n'en croyons pas moins que tout a l'être du Père par le Fils dans le Saint-Esprit.... Là où il y a en tout identité de nature, il n'y a pas de partage dans l'opération, bien qu'elle se produise sous des formes multiples et variées. Or, comme nous confessons que Dieu est une substance unique en trois personnes, le Père, le Fils et le Saint-Esprit, n'est-il pas par conséquent hors de doute et manifeste que l'action attribuée par exemple à l'une d'elles, est l'œuvre de la seule et unique divinité en raison même de sa nature ?... Nous ne devons pas entendre autrement ce passage. Notre Seigneur est la vigne, nous lui sommes rattachés comme les branches au cep, nourris par sa grâce, abreuvés de l'Esprit-Saint qui nous fait produire les fruits de l'esprit.

Un peu plus loin, le saint Docteur réfutant les Ariens qui prétendaient

(1) 1 Joan. 4. 13.
(2) 1 Joan. 4. 16.
(3, 1 Joan. 2. 6,
(4) 1 Joan. 3. 24.

trouver dans ce texte de saint Jean un appui pour leur hérésie, et un argument contre la consubstantialité du Verbe, revient sur la doctrine qu'il vient d'exposer, et la développe à nouveau dans un magnifique langage.

Que l'affection d'une charité parfaite, la rectitude et la fermeté dans la foi unissent spirituellement au Christ, une âme sincèrement éprise de la vertu, l'enseignement de nos dogmes ne saurait aller à l'encontre de cette doctrine; nous-mêmes conviendrons que sur ce point nos adversaires parlent selon la vérité. Mais oser dire qu'il ne saurait en aucune manière être question pour nous d'une union corporelle et selon la chair avec le Christ, ceci est de tout point contraire aux Écritures inspirées, nous allons le prouver. Est-il possible d'avoir quelque incertitude à ce sujet; et quel homme raisonnable pourrait douter que sous ce rapport là même le Christ est la vigne, tandis que nous, qui sommes comme les rameaux, recevons en nous-mêmes la vie de lui et par lui. Saint Paul ne dit-il pas en effet : Tous nous sommes un même corps avec le Christ, parce que bien que nombreux, nous n'avons qu'un seul pain (1). Tous, en effet, nous participons à un pain unique. Vienne maintenant quelqu'un qui nous dise la cause de cette union, qu'il nous apprenne la vertu puissante de l'Eulogie mystique. Pourquoi la recevons-nous? N'est-ce pas pour faire habiter en nous même corporellement le Christ, par la communion et la participation à sa chair sacrée ? Et il en est vraiment ainsi, car saint Paul écrit que les nations sont incorporées au Christ, participantes de sa nature, cohéritières avec lui (2). Comment s'est opérée cette incorporation? Appelées à l'honneur de participer à l'Eulogie mystique, elles n'ont plus fait qu'un seul corps avec cette même Eulogie qui est le Christ, unies avec lui comme l'étaient chacun des Apôtres.

S'il en était autrement, pour quelle raison saint Paul appellerait-il membres du Christ les membres de son propre corps, bien plus encore, les membres de tous les fidèles? Ne savez-vous pas, écrit-il, que vos corps sont les membres du Christ? Prenant donc les membres du Christ, en ferai-je les membres d'une prostituée? loin de là (3). Notre Seigneur lui-même ne nous dit-il pas : Celui qui mange ma chair et boit mon sang demeure en moi, et moi en lui (4). Il est surtout digne de remarque que le Christ ne dit pas qu'il sera seulement en nous par une relation simplement spirituelle et affective, mais bien par le moyen d'une participation réelle et physique à lui-même tout entier.

(1) Cor. 10. 17.
(2) Eph. 3, 6.
(3) Cor. 6-15.
(4) Joan. 6. 56.

Que joignant deux fragments de cire, on les expose au feu qui les fond, les deux ne formeront plus ensuite qu'nne seule et même masse, de même par la participation au corps du Christ et à son précieux sang, il est en nous et nous sommes en lui, ne faisant plus qu'un avec lui.

Et du reste, ce qui de sa nature est corruptible, ne saurait être vivifié, s'il n'est uni corporellement au corps de celui qui est la vie par essence, je veux dire au corps du Fils unique de Dieu. Et si vous ne voulez pas croire à mes paroles, accordez du moins votre foi au Christ qui nous crie : En vérité, en vérité, je vous le dis, si vous ne mangez la chair du Fils de l'homme, et ne buvez son sang, vous n'aurez pas la vie en vous. Celui qui mange ma chair et boit mon sang a la vie éternelle, et je le ressusciterai au dernier jour (1). L'entendez-vous nous annoncer ouvertement que si nous ne mangeons pas sa chair, et ne buvons pas son sang, nous n'aurons pas la vie en nous, c'est-à-dire dans notre propre chair la vie éternelle. Par cette vie éternelle nous devons justement entendre la chair de la vie, c'est-à-dire du Fils unique.

C'est cette chair qui nous ressuscitera au dernier jour. Comment, et de quelle manière ? Prêtez-moi votre attention, je vous l'expliquerai volontiers. Lorsque la chair est devenue la chair de la vie, c'est-à-dire du Verbe qui a brillé du sein de Dieu le Père, elle participe à la puissance de la vie elle-même. Or la mort ne saurait l'emporter sur la vie. Donc, puisque la vie est venue en nous, elle ne saurait y souffrir les entraves de la mort, elle surmontera toute corruption dont elle ne saurait souffrir les conséquences, car, dit saint Paul, la corruption ne possèdera pas l'incorruptibilité (2). Si le Christ a dit précisément : moi, je le ressusciterai, ce n'est pas qu'il attribue à sa propre chair toute seule le pouvoir de ressusciter les morts, mais c'est Dieu le Verbe, qui ne fait qu'un avec la chair qu'il a revêtue, qui prononce ce moi, et à bon droit. Le Christ n'est pas scindé en deux Fils, personne ne s'avisera de croire étranger au Fils unique du Père, le corps qu'il a revêtu, pas plus qu'il n'est possible de dire que notre corps est étranger à notre âme.

Nous avons donc, par les considérations qui précèdent, prouvé que le Christ étant la vigne, nous sommes les rameaux, rattachés à lui non seulement d'une manière spirituelle, mais encore corporellement. Quelles sornettes vient débiter l'hérétique, qui prétend que nous ne nous rattachons pas corporellement au Christ, mais bien plutôt par la foi et l'affection d'une légitime charité, et que par conséquent ce n'est pas sa chair

(1) Joan. 6, 54-55
(2) Cor. 15. 50.

qu'il a appelé vigne, mais bien sa divinité... En parlant ainsi, nous ne prétendons pas nier qu'il ne nous soit possible de nous unir au Christ par une foi droite et une charité sincère, mais nous avons voulu montrer que et spirituellement et corporellement le Christ est véritablement la vigne, et nous les rameaux. (1)

Nous avons tenu à citer ce passage de saint Cyrille malgré sa longueur, parce que, outre l'intérêt qu'il nous semble avoir pour faire connaître le caractère éminemment théologique de l'exégèse du saint Docteur, il nous semble assez bien résumer l'enseignement de la tradition sur ce texte de nos saints livres, en même temps qu'il nous explique avec tous ses développements la notion du symbole de la vigne appliqué à Notre-Seigneur.

De fait, les auteurs que nous pourrions citer ne font que reproduire en d'autres termes la même doctrine. Le Christ, dit Origène, est la vigne véritable; greffés sur elle, les fidèles portent des fruits abondants, cultivés par le Père qui est le vigneron, ils empruntent à la communauté de la racine la fertilité de la vigne véritable..... (2) Et vraiment comme le rameau ne saurait porter de fruit s'il ne demeure attaché à la vigne, il est évident que les disciples du Verbe, rameaux de cette vigne spirituelle qui est le Verbe même, ne peuvent produire des fruits de vertu s'ils ne restent unis à la vigne véritable le Christ de Dieu..... (3) Paul, par exemple, rameau de choix, reste attaché à la vraie vigne qui est le Christ, il produit beaucoup de fruit, car le Père, qui est le vigneron l'émonde fréquemment par les tribulations, les persécutions..... Dans le Christ, qui est le second Adam, il y a des rameaux qui unis au cep véritable produisent des fruits abondants, d'autres sont arides et seront retranchés par le Père. (4)

Vous vous rappelez, dit saint Basile, la comparaison dont se sert le Seigneur, il s'appelle la vigne, son Père est le vigneron, il appelle rameaux chacun de nous, qui par la foi faisons partie de l'Église, et nous exhorte à porter des fruits abondants, de peur que, condamnés comme inutiles, nous ne soyons livrés au feu ... (5) Or le Christ s'appelle vigne parce qu'il nourrit, entretient par l'abondance des bonnes œuvres ceux qui sont enracinés en lui par la foi. (6)

C'est Notre-Seigneur lui-même, qui, nous révélant l'une des appella

(1) In Joan. lib. 10. C. 2. P. G. 74. 332-344 passim.
(2) In Jer. Hom. 20. n° 4. P.G, 13, 532.
(3) Cont. Cels. lib. 5. n° 12. P. G. 11, 1197.
(4) In Rom. lib. 1. n° 13. P. G. 14, 859.
(5) In Hex. Hom. 5. n° 6 P. G. 29. 108.
(6) Adv. Eun. lib. 1. n° 7. P.-G. 29, 525.

tions qu'il lui plaît de s'attribuer, nous fait connaître ce symbole de la vigne qu'il s'applique à lui-même. Quoi d'étonnant si les Saints Pères non contents d'approfondir le sens mystérieux de cette parole de la vérité par essence, se sont efforcés de retrouver ailleurs dans la sainte Écriture, Notre-Seigneur caché sous la même appellation, préfiguré par le même symbole.

Nous ne saurions avoir la prétention de rappeler ici tous les textes où les Saints Pères ont appliqué à Notre-Seigneur cette expression symbolique. Qu'il nous suffise de citer ici quelques passages qui justifieront notre assertion.

Parmi les prophéties messianiques contenues dans le livre de la Genèse, une des plus expressives certainement, se trouve sur les lèvres du Patriarche Jacob bénissant sur son lit de mort ses fils, les chefs des tribus d'Israël. Tous les Pères qui ont eu occasion de commenter ce chapitre de la Genèse s'accordent pour en reconnaître l'importance. Saint Justin, saint Irenée, saint Méliton, saint Hippolyte, Origène, pour ne citer que les plus anciens, ont pris à tâche de scruter le sens profond de ces mystérieuses bénédictions. Saint Ambroise a consacré un livre tout entier à leur explication.

Or, le saint Patriarche prédisant à Juda la gloire future de sa race le Messie roi qui devait en sortir, voit dans la lumière prophétique le Sauveur à venir, admire sa beauté, ses actions divines, et s'écrie: C'est lui qui sera l'attente des nations ; il attachera à la vigne le poulain de l'ânesse, à la vigne, o mon fils, il attachera son ânesse. Il lavera sa robe dans le vin et son manteau dans le jus sanglant de la grappe. Ses yeux sont plus beaux que le vin, ses dents plus blanches que le lait. (1)

Avec toute la tradition, saint Justin reconnaît dans ces solennelles paroles, Notre-Seigneur annoncé et préfiguré ; mais par une rencontre assez singulière, il interprète dans ce passage l'expression qui nous occupe, d'une manière purement historique. Il y voit une prédiction du triomphe de Notre Seigneur au jour des Rameaux, alors que monté sur l'ânesse, il entra dans la ville sainte. Il y avait, dit saint Justin, à l'entrée du village un poulain d'ânesse attaché à une vigne. Notre Seigneur ordonna à ses disciples de le lui amener, il s'assit dessus, et ce fut sur cette monture qu'il entra à Jérusalem (2).

Cette interprétation est-elle fondée sur un récit transmis par la tradition, nous l'ignorons, nous ne croyons pas toutefois que beaucoup l'aient suivie. Il nous semble pourtant avoir retrouvé dans saint Ephrem une

(1) Gen. 49. 10-12.
(2) Apol. 1. n° 32. P. G. 6. 380.

explication analogue (1). En revanche la grande majorité des Docteurs voient signifiée par la vigne, l'incarnation de Notre Seigneur et sa venue dans le monde.

Ainsi saint Irénée, après avoir cité le passage de la Genèse que nous avons donné tout à l'heure, dit en s'adressant aux hérétiques gnostiques : Que ceux là qui prétendent scruter toutes choses, que ceux là, dis-je recherchent en quel temps le pouvoir a cessé en Juda, le prince a disparu, qu'ils se demandent qui est l'attente des nations, qui est la vigne, ce que signifie le poulain de l'ânesse, le vêtement, les yeux, les dents, le vin dont il est parlé ici ; qu'ils examinent ; c'est Notre Seigneur et non un autre qu'ils trouveront prédit dans ce passage (2).

Nous avons vu plus haut qu'Origène applique ce même texte à Notre Seigneur. Clément d'Alexandrie son maître n'a pas une autre doctrine. Il écrit dans son Pédagogue : Il a attaché à la vigne le poulain de l'ânesse, c'est à dire, il a uni au Verbe qu'il appelle allégoriquement la vigne, le peuple simple et innocent figuré par l'ânon (3).

Saint Hippolyte ne parle pas autrement. Il a attaché, dit il, son ânesse à la vigne, c'est-à-dire, il appelle à lui le peuple circoncis, car il est la vigne (4).

Saint Cyrille d'Alexandrie dans ses Glaphyres reproduit la même interprétation : Il attache à la vigne le poulain de l'ânesse. Cette vigne véritable qui est le Christ, s'est attachée, pour ainsi dire, par la foi, le peuple gentil figuré par l'ânon (5).

C'est lui, poursuit saint Ambroise, qui attache à la vigne son ânesse et son ânon, afin d'embraser de la ferveur du Saint-Esprit les nations autrefois languissantes dans la négligence..... afin que désormais, rameaux fertiles, nous nous unissions par les liens indissolubles de la foi à la vigne éternelle, c'est à dire au Seigneur Jésus, qui dit lui-même : Je suis la vigne et mon Père est le vigneron (6).

Saint Cyrille de Jérusalem ne comprenait pas autrement le mystère de la vigne mystique et de son fruit, lorsque commentant le discours de saint Pierre aux Juifs après la Pentecôte, il s'exprime de la sorte : Les apôtres sont ivres, dit saint Pierre, (7) non pas comme vous le pensez, mais selon qu'il est écrit : Ils seront enivrés de l'abondance de votre

(1) In Gen. t. 1. S. L. 108.
(2) Adv. Hær lib. 4. c. 10. n° 2. P. G. 7. 1001.
(3) Pædag. lib. 1 c. 5. P. G, 8, 268.
(4) De Christo et Antichristo n° 10. P. G, 10, 736.
(5) Glaph. in Gen. lib. 7. P. G, 69. 356.
(6) Joan. 15. 1. De Ben. Patr. c. 4. n° 23-24.
(7) Act. 2. 14-15.

maison, vous les abreuverez au torrent de vos délices (1). Ils sont ivres d'une sobre ivresse, qui fait mourir le péché et vivifie le cœur, ivres d'une ivresse de tout point contraire à l'ivresse du corps. Celle-ci nous fait fait oublier même ce que nous savons, celle-là au contraire nous donne la science de ce que nous ne connaissons pas. Ils sont ivres, car ils ont bu le vin de cette vigne mystique qui dit : Je suis la vigne, vous êtes les rameaux (2). Si vous ne croyez pas à mes paroles, au moins que l'heure à laquelle nous sommes vous fasse comprendre ce que je vous dis. Nous sommes en effet à la troisième heure du jour. Celui qui au témoignage de saint Marc a été crucifié à la troisième heure du jour (3), a répandu aussi sa grâce à cette même troisième heure..... et accompli la promesse qu'il avait faite (4).

Les Saints Pères ne se sont pas contentés d'appliquer à Notre-Seigneur le symbole dont nous nous occupons, dans les prophéties évidemment messianiques telles que celles que nous venons de citer. Les propriétés de la vigne elle-même leur suggèrent des rapprochements qu'ils rapportent à Notre-Seigneur. N'est-il pas dit quelque part, que le vin, produit de la vigne, réjouit le cœur de l'homme (5)? Saint Cyrille avait ce passage en vue lorsqu'il écrit : Notre-Seigneur se diversifie en quelque sorte pour chacun de nous selon qu'il lui est expédient, il est la vigne pour ceux à qui la joie est nécessaire (6) ... Parfois le mot seul de vigne rencontré dans un texte, suffit à leur rappeler Notre Seigneur, et leur suggère des interprétations qui ne semblent pas au premier abord ressortir clairement du texte sacré ; témoin ce passage d'Origène expliquant l'apologue de Joathan, fils de Gédéon, au livre des Juges. Les arbres se réunirent pour établir sur eux un roi (7). Que faut-il entendre par ces trois arbres fertiles en fruits, le figuier, la vigne et l'olivier qui refusèrent de régner sur des arbres indignes d'être gouvernés ? Que signifie cet arbuste épineux et ce feu qui en sort pour dévorer les cèdres du Liban ? Le sage saura le comprendre, et voir préfigurés par les arbres fertiles, le Père, le Fils et le Saint-Esprit, et le Diable par le buisson épineux (8).

Saint Méthodius nous fournit une interprétation analogue pour un

(3) Ps. 35. 9.
(4) Joan, 5. 15.
(5) Marc. 15-25.
(6) Catech. 17. n° 19. P. G, 33. 989-992.
(1) Ps. 103-15.
(2) Catech. 10, n° 5, P. G., 33, 665.
(3) Jud. 9-12.
(4) Fragmin. Prov., P. G., 13, 25.

autre texte de l'Ecriture, interprétation qu'il est curieux de retrouver identique dans Origène et saint Jérôme. Voici ses paroles :

Souvent on applique à Notre-Seigneur lui-même le nom de vigne comme celui de figuier au Saint-Esprit. Le Seigneur, en effet, réjouit, le cœur de l'homme, et le Saint-Esprit le guérit. C'est pour cela que le Prophète ordonne d'abord à Ezéchias de faire un cataplasme de figues et de se l'appliquer pour obtenir sa guérison (1). Il entend par là les fruits de l'Esprit saint, la charité, comme nous l'enseigne l'apôtre. Car, dit il, les fruits de l'Esprit saint sont la charité, la joie, la paix, la douceur, la bonté, la foi, la mansuétude, la continence (2). Ces vertus, et ces dons, le prophète les compare aux figues à cause de leur douceur exquise. Michée nous dit de son côté : Chacun se reposera sous sa vigne, prendra son repas sous son figuier, et personne ne viendra le troubler (3). Il est bien certain, en effet, que ceux qui réfugiés à l'ombre de l'Esprit saint et du Verbe, y auront cherché asile et repos, ne seront point tourmentés par la crainte et la frayeur qui troublent le cœur des hommes (4).

Origène nous explique encore plus expressément le texte de Michée quand il dit : Alors la paix te sera donnée pour que tu te reposes sous ta vigne qui est le Christ Jésus, sous ton figuier, qui est l'Esprit saint, et rendes ainsi tes actions de grâces à Dieu le Père, tout puissant en Notre-Seigneur Jésus-Christ lui-même (5).

Saint Jérome commentant un texte analogue du prophète Zacharie, confirme cette interprétation. En ce jour là, dit le Seigneur Dieu des armées, l'homme appellera son ami sous sa vigne et son figuier (6)..... En ce jour de la passion du Christ, l homme parfait dans le Christ, celui qui avec les apôtres est arrivé au plus haut degré de l'amour du Seigneur, appellera son prochain, soit ceux des Juifs qui auront cru, soit certainement le peuple gentil ; il les appellera sous la vigne de Sorec, cette vigne, qui dit d'elle-même dans l'Évangile (7) : Je suis la vigne, et dont le fruit réjouit le cœur de l'homme (8), il les appellera sous le figuier, symbole des fruits très doux de l'Esprit saint, afin qu'ils se reposent dans une paix éternelle, et que les troubles du monde et les luttes sanglantes une fois disparues, ils se sachent sous la domination de ce roi de la paix

(1) 4. Reg. 20-7.
(2) Gal. 5. 22-23.
(3) Mich. 4-4.
(4) Conv. X Virg. Or. 10, c. 5, P. G., 18, 201.
(5) In Jos. Hom. 15, n° 7. P. G., 12, 905.
(6) Zach. 3-10.
(7) Joan. 15-1.
(8) Ps. 103-15.

mystérieusement signifié par le nom même de Salomon, qui lui est appliqué. Ce repos sous la vigne et le figuier, Michée le rappelle aussi lorsqu'il dit : En ce jour là, chacun appellera sous sa vigne et son figuier son voisin et son frère (1), et personne ne viendra les troubler (2).

Il ne serait pas difficile de poursuivre ces citations, car il n'y a guère de Pères qui dans un endroit ou un autre de leurs ouvrages n'aient rappelé ce symbole de la vigne que Notre-Seigneur s'approprie lui même. Les quelques passages que nous avons rapportés suffisent à montrer comment nos pères dans la foi interprétaient l'Ecriture sainte ; comment, moins soucieux que nous ne le sommes aujourd'hui d'élucider un point d'histoire, ou d'éclairer une question de texte et de grammaire, ils s'efforçaient surtout de mettre en pleine lumière les enseignements dogmatiques et moraux qu'elle contient.

II.

Notre-Seigneur Jésus-Christ s'appelle lui-même la vigne véritable, il est aussi appelé par la Sainte Ecriture la Grappe de raisin. Comment ces deux appellations peuvent-elles lui convenir, comment peut-il être à la fois la vigne et le fruit de la vigne ? Ces deux termes peuvent cependant s'appliquer facilement à Notre Seigneur, Fils de Dieu, Dieu lui-même, perfection infinie, dont le nom est inénarrable. Saint Grégoire de Nysse nous enseigne quelque part, que le Christ qui est au dessus de tout nom, pour nous cependant se trouve avoir de nombreuses appellations, variées comme les bienfaits qu'il nous apporte, des noms différents qui nous désignent celui qui, pour ainsi dire, se divise lui-même dans la diversité et la multiplicité des dons dont il nous comble (3). Saint Basile remarque de son côté que l'Ecriture désigne Notre-Seigneur sous mille appellations différentes... et ces termes n'expriment pas la nature, mais la variété des opérations par lesquelles plein de miséricorde pour la créature qu'il a façonnée de ses mains, il agit en nous par ses bienfaits, suivant les besoins de chacun (4), et ces noms lui sont appliqués suivant les différents aspects sous lesquels on le considère (5).

On peut, au reste, faire une remarque analogue à propos des symboles répandus dans la Sainte Ecriture. La plupart (Saint Méliton nous en donne la preuve à chaque page de sa Clef) sont susceptibles de significations différentes et absolument distinctes suivant les divers objets

(1) In Zach. lib. 1. P. L., 25, 1440.
(2) Mich. 4. 4.
(3) In Eun. Lib. 10, P. G., 45, 829.
(4) De Spir. sancto, c. 8, P. G. 32, 96-97.
(5) Ep. 8. n° 8, P. G. 32, 230.

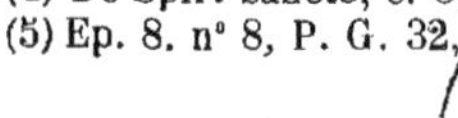

auxquels ils se rapportent. Ainsi Notre-Seigneur est la vigne, mais la vigne est aussi, au dire des prophètes, le peuple Juif (1), c'est encore la nature humaine (2), ou la Vierge Marie (3). Si Notre-Seigneur par rapport à nous est la vigne au tronc de laquelle nous devons tous nous rattacher, à qui nous empruntons notre vie surnaturelle, il est sorti de la race d'Abraham, il a pris naissance en la Sainte Vierge, c'est à la nature humaine qu'il a emprunté le corps dont il s'est revêtu ; il est pour ainsi dire le fruit de la race d'Abraham, la Sainte Vierge est la tige d'où il est sorti, il est la fleur de l'humanité. Aussi lorsque nous savons que le peuple juif comme la Sainte Vierge, et la nature humaine tout entière sont figurés par la vigne, nous ne pouvons nous étonner de voir Notre-Seigneur comparé au raisin, à la grappe qui en sort, lui qui a voulu prendre notre nature humaine, de la race d'Abraham au sein de la Vierge Marie, dont il est le fruit béni ainsi que nous le fait répéter chaque jour la Sainte Eglise.

C'est bien ainsi que saint Éphrem entendait ces symboles, lorsque dans un de ses sermons, il s'écrie en s'adressant à Notre-Seigneur Jésus-Christ : Vous êtes le rejeton de cette vigne qu'autrefois vous avez transplantée de la terre d'Égypte (4.) J'admire comment ce champ, qu'avait ravagé le sanglier de la forêt (5), a pourtant germé, a produit le cep sacré qui a porté la grappe bénie d'où découle le vin antidote de la mort (6).

Marie, dit encore ailleurs le saint Docteur, a plusieurs noms qui lui conviennent. Elle est le temple du Fils de Dieu, il est sorti d'elle autre qu'il n'était entré, il n'avait pas de corps quand il est descendu dans son sein, il en est sorti avec un corps. Elle est le ciel nouveau et mystique dans lequel le Roi des rois a habité comme en sa demeure, d'où il est descendu portant notre ressemblance, homme terrestre comme nous. Elle est la vigne qui a produit un fruit d'une odeur pleine de suavité (7). Ce fruit par sa nature absolument étranger à l'arbre qui le portait a dû lui emprunter sa ressemblance (8). Aussi dans un de ses poèmes sur la Nativité de Notre-Seigneur, saint Ephrem bénit-il ce jour dans lequel s'est offert à nous ce tendre rejeton, ce raisin précoce qui renferme caché en lui le breuvage du salut.... C'est durant l'hiver qui dépouille

(1) Os. 10-1. Is. 5-7.
(2) S. August. - In Joan. tract. 80.
(3) Eccli. 24-23. - Cf. Clav. ad V. Vitis.
(4) Ps. 79. 9.
(5) Ps. 79. 14.
(6) Adv. Scrut. Ser. 12. t. 3. s. L. 27,
(7) Eccli. 24. 23.
(8) De Diversis. Ser. 2 t. 3. s. L. 107.

les vergers de leurs fruits, que la vigne stérile a produit le sien, c'est durant la froide saison qui enlève aux arbres leur parure qu'a poussé le rejeton de la tige de Jessé (1). Dans un autre endroit racontant la présentation de Notre-Seigneur au temple, saint Éphrem l'appelle le fruit béni, la grappe du raisin sortie d'une vigne stérile (2). Louons donc, s'écrie-t-il ailleurs, cette grappe qui exprimée dans le calice l'a rempli de sa liqueur de salut(3). Le vigneron, dit-il encore, vous désigne, o Seigneur, lorsque du doigt il montre dans sa vigne la grappe de raisin, vous le raisin rempli du sang de votre sacrement, lorsqu'il montre l'arbre et son fruit, figure de votre croix (4), et de votre corps qui y est suspendu. Vous êtes la grappe vivifiante d'où découle toute douceur pour le salut du monde (5).

C'est Notre-Seigneur que Michée appelait de ses vœux lorsqu'il disait: Malheur à moi, parce que je suis devenu comme un homme qui recueille des raisins en automne après la vendange, il n'y a pas une grappe à manger, et mon âme a désiré un fruit précoce (6). Cette grappe que désirait Michée, c'est, nous dit saint Éphrem, cette grappe qui sur le Calvaire fut suspendue à l'arbre de la croix, (7) grappe dont le vin est réservé aux vierges et fait leurs délices. (8)

Bien avant saint Ephrem, Clément d'Alexandrie dans un de ses ouvrages, nous parle de la grappe prophétique produite par la vigne sacrée. C'était, dit-il, pour ceux qui de l'erreur ont été conduits au repos, la figure du Verbe, le grand raisin écrasé pour nous, du Verbe qui selon sa volonté a voulu mêler à l'eau le sang de la grappe. (9) Il semble que par ces dernières paroles il veuille faire allusion à ce rite mystérieux du Saint Sacrifice, prescrivant de mêler quelques gouttes d'eau au vin du calice qui doit être changé au sang du Seigneur. La discipline du secret empêchait sans doute Clément de s'exprimer plus clairement, mais la suite du texte prouve qu'il s'agit ici de l'Eucharistie, et sans nul doute c'est Notre-Seigneur qui est désigné en ce passage par la grappe de raisin. Il écrit un peu plus loin : Si la vigne produit le vin, le Verbe (incarné)

(1) In natal. Dom. Ser. 3, t. 2. s. L. 406. 407.
(2) In natal. Dom. Ser. 4, t. 2. s. L. 417.
(3) In natal. Dom. Ser. 2. t. 2. s. L. 404.
(4) Adv. scrut. Ser. 14. t. 3. s. L. 35.
(5) Or. S. Ephrem. t, 3. G. T. 487.
(6) Mich. 7. 1.
(7) In. Mich. t. 2. s L. 282.
(8) In. Zach. t. 2. s. L. 300.
(9) Pædag. lib. 2. c. 2. P. G. 409.

a son sang, et ce double breuvage est salutaire à l'homme, le vin au corps, le sang à l'esprit.(1)

Parlant de ce même sacrement, Origène nous dit que c'est le sang de cette grappe foulée dans le pressoir de la passion qui nous donne ce breuvage (2). Saint Méliton dans sa Clef donne à Notre-Seigneur ce même nom de grappe de raisin (3). Saint Ambroise le désigne de la même manière lorsque interprétant ces paroles de la Genèse, il lavera son vêtement dans le sang de la grappe (4), il dit : C'est justement qu'il compare Notre-Seigneur à la grappe de raisin, car Il a été suspendu au bois comme la grappe au cep. Il est la vigne, il est la grappe. Vigne attachée au bois ; grappe, car son côté ouvert par la lance du soldat a laissé échapper l'eau et le sang.... il nous a lavés dans l'eau, son sang nous a rachetés (5).

Nous trouvons dans Origène un magnifique développement de ce dernier passage de saint Ambroise, qui nous donne en même temps la signification entière des paroles énigmatiques de Clément d'Alexandrie citées tout à l'heure (6). Ils boiront le sang de la grappe, dit-il, ici le sang de la grappe dont il s'agit, est celui de cette grappe produite par cette vigne dont notre Sauveur dit : Je suis la vigne véritable, mes disciples sont les rameaux. Le Père est le vigneron qui les taille pour leur faire produire des fruits abondants (7). Tu es donc le véritable peuple d'Israël, qui sait boire le sang, qui sait manger la chair du Verbe de Dieu, boire son sang, le sang de cette grappe produite par la vigne véritable (8).

Saint Cyrille d'Alexandrie, lui aussi, nous parle quelque part de la grappe sortie d'une terre stérile, du froment qui a poussé sans semence, (9) de cette tunique tissée sans le secours de la main de l'ouvrier de ce pain fait, non pas par la meule, les mains, et le feu, mais formé mystérieusement d'une farine virginale, et qui remplit le monde entier (10).

Les analogies que nous avons marquées précèdemment nous expliquent sans doute comment ce nom de grappe a été donné à Notre-Seigneur. Mais il nous semble que les SS. Pères ont été surtout amenés à

(1) Pædag. lib. 1. c. 5. P. G. 8, 268.
(2) In Math. Comm. ser. 85. P. G. 13. 1734.
(3) Clav. ad. v. Botrus.
(4) Gen. 49. 11.
(5) De Ben. Patr. c. 4. 24. P. L. 14, 682.
(6) Deut. 32. 14.
(7) Joan. 15. 1. 2. Num. 23. 24.
(8) In. Num. Hom. 16. 9. P. G, 12, 701-702.
(9) ἄνευ κλημάτων.
(10) De Incarn. Dom c. 23, P. G. 75. 1461.

lui attribuer cette appellation par un texte des livres saints, où tous s'accordent à voir préfiguré Notre Seigneur et sa passion.

L'Écriture nous raconte que Moyse envoya dans la terre de Chanaan douze d'entre les princes du peuple d'Israël pour explorer la terre que Dieu leur avait destinée. Ils revinrent bientôt avec des fruits de la terre de promission, avec un cep de vigne et sa grappe que deux d'entre eux portaient sur un baton (1). Cette grappe attachée au cep, portée sur le bois est la figure de Jésus-Christ (2), dit saint Éphrem. Caleb envoyé pour explorer la terre promise reconnut dans cette grappe qu'il portait suspendue au bois la vigne qui devait réjouir le monde de son jus divin et désira ardemment sa présence (3).

Dans ce raisin rapporté sur le bois est préfigurée la passion du Sauveur (4), poursuit saint Jérôme. Cette grappe qui pend au bois, dit à son tour saint Grégoire de Nysse, qu'est-ce autre chose que ce raisin qui dans les derniers jours a été suspendu au bois, dont le sang devient pour les fidèles un breuvage de salut (5).

Quelle bouche, quelle langue, s'écrie encore saint Éphrem, pourra louer dignement les armes victorieuses du Christ Roi ? La croix plantée au Calvaire a germé la grappe qui nous donne la vie (6).

Saint Augustin nous enseigne également que par le mot de grappe, on peut entendre le Verbe divin, car le Seigneur est cette grappe de raisin que les envoyés du peuple d'Israël rapportent de la terre promise suspendue au bois, comme crucifiée (7).

Dès le second siècle saint Méliton avait déjà donné cette même interprétation dans sa Clef. La grappe de raisin, dit-il, c'est le Christ, l'Eglise ou le corps du Seigneur, puisqu'il est dit au livre des Nombres que les messagers du peuple d'Israël rapportèrent de la terre promise, la grappe suspendue au bois, figure de la croix (8). Peut-être la fin de ce texte n'est-elle qu'une glose ancienne de la formule trop concise de saint Méliton, qui sans doute s'était contenté de mentionner brièvement ce symbole selon sa coutume, en écrivant simplement : La grappe c'est le Christ, et renvoyait au texte de l'Écriture.

Les écrivains que nous avons cité jusqu'ici ne font guère que mention-

(1) Num. 13. 24.
(2) In Num. t. 1. S. L. 259.
(3) In Nativ. Ser. I. 7, 2. S. L. 397-398.
(4) Ep. 78. 15. P. L. 22. 710.
(5) De vita Moysis. P. 2. P. G. 44. 413.
(6) t. 2, G. L. 212.
(7) In Ps. 8, n° 2. P. L. 36, 109.
(8) Clavis ad V. Botrus.

ner la signification symbolique de la grappe, sans entrer dans une explication détaillée du texte auquel ils se refèrent. Nous allons la trouver dans les auteurs que nous rappellerons tout à l'heure. Qu'on nous permette à ce propos une remarque que nous pouvons faire également pour d'autres symboles. Les textes dont nous parlons interprètent avec un tel accord le passage du livre des Nombres qu'il semblerait sufisant d'en citer un seul pour les faire tous connaître. Il n'est pourtant pas sans intérêt de donner les uns et les autres, car il n'en est pas un qui n'ajoute à l'interprétation commune, un trait particulier, une remarque qui complètent l'enseignement doctrinal qu'on peut tirer de ce texte de nos saints livres.

Nous trouvons parmi les œuvres de saint Prosper un ouvrage intitulé *De Promissionibus et prædictionibus Dei*, tout entier consacré à montrer l'accomplissement des prophéties et des figures le l'ancien testament. Cet ouvrage est à tort attribué au saint Docteur, mais il est certainement ancien et a dû être composé vers le milieu du cinquième siècle. Voici comment s'explique l'auteur au sujet du texte qui nous occupe.

Sur l'ordre de Dieu, Moyse envoya pour explorer la terre de Chanaan douze hommes choisis parmi le peuple, leur commandant non pas tant d'examiner les cités et leurs habitants, que de rapporter avec eux des fruits du pays. Ceux-ci pour accomplir l'ordre qui leur avait été donné se mirent en marche, arrivèrent dans une vallée où ils coupèrent une grappe de raisin (1), qu'à cause de sa grosseur ils portèrent sur un bâton, ils revinrent au camp emportant aussi des figues et des grenades, et racontèrent tout ce qu'ils avaient vu. En ces trois fruits apparaissent les mystères du Seigneur Christ et de l'Église. Le Christ est figuré par la grappe. C'est ainsi que l'appelle l'Église au Cantique des cantiques : Mon bien-aimé est pour moi une grappe de raisin de Cypre (2). La grappe est portée sur le bois, reconnais-là notre Crucifié, entre les deux messagers qui la soutiennent. Habacuc dit : Vous vous ferez connaître, Seigneur, entre deux animaux (3). L'Église dit aussi d'elle même dans le même cantique. La vigne a fleuri, les grenadiers sont en fleurs (4). Le figuier dont les feuilles servirent de ceinture au premier homme après le péché, figure le péché originel, effacé par les fruits du grenadier type de l'Église, et par le sang de la grappe de raisin qui a été répandu pour la rémission de tous les péchés (5).

(1) Num. 13, 24.
(2) Cant. 1-13.
(3) Hab, 3. 2. LXX.
(4) Cant. 7, 12.
(5) Lib. de Promis. et Præd. Dei, Pars. 2, c. 9, n° 15. P. L. 51. 777-778.

Saint Maxime de Turin qui vivait également vers le milieu du cinquième siècle, nous donne à son tour une explication de ce même passage de l'Écriture. De même, dit-il, que la prévoyance de la nature suspend au bois la grappe qui doit fournir le vin, de même le Christ qui dans sa passion, doit répandre son sang, véritable vin mystique, est attaché à la croix par une disposition particulière de Dieu. Il est véritablement cette grappe que deux des explorateurs, je veux dire Josué fils de Nave, et Caleb fils de Jephone, mirent sur un bâton et chargèrent sur leurs épaules, pour la rapporter aux fils d'Israël. Tout ceci préfigurait d'avance la venue de Notre Seigneur et Sauveur. La grappe suspendue au bâton est l'image du Christ élevé sur la croix, les deux hommes qui portaient la grappe sur un bâton étaient la figure des deux peuples chrétien et juif, l'un des deux précédait, l'autre suivait ainsi qu'il en arrive d'ordinaire à ceux qui portent des fardeaux ; le premier désigne le peuple juif, le second le peuple chrétien. Celui qui est en avant ne voit pas ce qu'il porte, puisqu'il l'a toujours derrière lui, et semble le mépriser en lui tournant le dos. Celui qui suit voit l'objet de ses yeux, ses regards y sont constamment fixés, il en est toujours proche ; tels sont le peuple juif et le peuple chrétien. Le juif est le premier, marche devant, il porte le Christ dans la loi, et n'en sait rien, il le rejette derrière lui, le méprise, lui tourne le dos, aussi le prophète dit-il : Que leurs yeux soient obscurcis jusqu'à ne plus voir, et courbez toujours leur dos (1). Le peuple chrétien qui est par derrière, contemple toujours le Christ de ses yeux, y attache toujours ses regards, s'en rapproche en marchant sur ses pas. Il s'empresse de courir après lui pour l'atteindre avec autant d'ardeur que met le peuple juif à l'abandonner derrière lui en suivant ses voies mauvaises (2).

Nous retrouvons encore développée et commentée l'interprétation traditionnelle exposée tout à l'heure par saint Maxime, dans un sermon attribué à saint Augustin, mais qui a plutôt pour auteur saint Césaire d'Arles. Nous en reproduirons ici les passages les plus saillants. Pendant que se faisait la lecture, dit-il, nous avons entendu qu'en ce temps là furent envoyés douze espions pour explorer la terre promise ; deux d'entre eux rapportèrent aux fils d'Israël suspendue à un bâton, une grappe de raisin d'une grosseur extraordinaire (3). Ces deux espions, mes frères, peuvent s'entendre de diverses manières. En effet on croit, non sans raison, qu'ils représentent les deux testaments, et les deux préceptes de l'amour de Dieu et de l'amour du prochain..... Qu'ils soient la figure

(1) Ps. 68. 28.
(2) Hom. 79. P. L. 57, 423-424.
(3) Num. 13. 24.

des deux testaments, c'est ce qui nous paraît évident d'après cette circonstance que la grappe de raisin était, lisons nous, suspendue au milieu de ces deux hommes, comme le Christ est, nous le savons certainement au milieu des deux testaments selon cette parole de l'Ecriture : Vous serez reconnu au milieu de deux animaux (1), c'est à-dire au milieu du nouveau et de l'ancien testament....

La grappe de raisin fut donc apportée par deux hommes. Or ces deux hommes qui méritèrent de rapporter ce raisin de la terre promise, peuvent, comme nous l'avons déjà dit, signifier les deux préceptes de l'amour, c'est-à-dire, vous aimerez Dieu et vous aimerez le prochain. D'ailleurs, considérez, mes frères, que ces deux hommes apportérent cette grappe de raisin pendante au milieu d'eux, et que l'Evangile dit pareillement de ces deux préceptes, à savoir l'amour de Dieu et l'amour du prochain : de ces deux préceptes dépendent toute la loi et les prophètes (2). De plus, de même que la grappe signifie le Christ Dieu, de même la terre promise dans laquelle naquit Jésus-Christ paraît être l'image de la sainte Vierge Marie. Car en elle s'est accomplie cette parole du Psalmiste (3) : La vérité est sortie de la terre. Et comment la Bienheureuse Marie ne serait-elle pas la terre promise, elle qui a été promise longtemps à l'avance par le prophète. En effet, le Seigneur l'a promise plusieurs siècles à l'avance par le prophète Isaïe : Voici, dit-il, qu'une Vierge enfantera et mettra un fils au monde (4)..... Cette grappe, dis-je, que deux hommes ont suspendue à un bâton, et qu'ils portent avec respect, elle nous est indiquée, je l'ai déjà dit, dans les oracles des deux testaments ; c'est elle qui a été suspendue au bois de la croix, et dont le vin, pressé dans la Passion a été le prix de notre Rédemption.

Il convient maintenant de découvrir les mystères cachés dans ce passage des Nombres, et de voir leur accomplissement. Deux hommes portent cette grappe, qu'ils ont fixée à un bâton. Ces deux hommes peuvent figurer le peuple chrétien et le peuple juif. Ces porteurs sont donc deux peuples, à savoir, celui de la Synagogue et celui de l'Église. Et comme le premier en date est le peuple des Juifs, le juif marche en avant et le chrétien suit : Celui-ci porte son salut devant lui, celui là lui tourne le dos, le premier méprise, le second respecte. Aussi bien le prophète l'atteste en parlant des Juifs : Que leurs yeux soient aveuglés, afin qu'ils ne voient pas, et courbe-leur toujours le dos (5). Ils s'avancent tous deux,

(1) Hab. 3. 2.
(2) Matth. 22. 40.
(3) Ps. 84. 12.
(4) Is. 7. 14.
(5) Ps. 68. 24.

l'un derrière l'autre, chargés de leur fardeau sacré ; celui-ci voit toujours la grappe, celui-là toujours la laisse en arrière. Or le Juif se croit proche et il s'éloigne, le Chrétien jouit donc du don qu'il voit. Le Juif sent seulement le poids de la charge ; c'est que le Christ est le salut pour celui qui croit et un fardeau pour celui qui ne croit pas. En effet, le Christ fut annoncé spécialement aux Juifs, dont il est dit : Il est venu chez lui, et les siens ne l'ont pas reçu(1), il devint pour eux une pierre d'achoppement et de scandale, et lui que le peuple d'Israël n'a pas connu a été reçu par les Gentils, qui ont embrassé la foi. Voilà pourquoi le Chrétien suit le Juif, mais comme il a sous les yeux son espérance, le Chrétien prend le devant et fait des progrès. Le Juif, lui, marche en tête mais il laisse la grappe en arrière et recule. Le Juif, il est vrai, porte le Christ dans la loi, mais il tourne le dos à la grâce qu'il porte dans les mystères de la loi ; le Chrétien reçoit Jésus-Christ par la prédication, et le Juif le chasse de son cœur par son incrédulité, en sorte que l'un méprise dans la loi ce que l'autre adore dans la réalité. Ainsi donc le Seigneur et le Rédempteur commun de ces deux peuples est porté par celui qui l'adore, et suspendu par celui qui lui tourne le dos. Ainsi encore s'accomplit dans les Juifs cette parole : Ils m'ont tourné le dos et non pas le visage (Jer. 18. 18) (2).

Nous n'avons pas besoin de faire remarquer comment toutes ces citations se confirment et se complètent mutuellement. On ne saurait voir dans cet accord entre des auteurs différents séparés par le temps et la distance, une coïncidence purement fortuite. Il nous semble au contraire y trouver plutôt une preuve que l'interprétation symbolique de l'Écriture sainte, n'était pas, comme certains seraient peut-être disposés à le croire, livrée au caprice et à l'imagination de chacun, mais qu'elle avait des règles, une tradition que les saints Pères aimaient à suivre et qui les dirigeait dans leurs explications de l'Écriture. Origène reproche quelque part aux hérétiques de ne pas interpréter selon les règles, les paroles saintes (3), il fait ailleurs mention des lois de l'interprétation symbolique (4).

L'observation que nous venons de faire, s'applique également à la plupart des symboles. Il nous semble qu'après avoir parcouru les citations que nous avons données des saints Pères, il est difficile de nier l'existence d'une tradition symbolique qui leur servait de guide, et dont ils s'éloignaient moins qu'on ne le croit peut-être ;

(1) Joan. 1. 11.
(2) Append. Ser. 28. 1-3. P. L., 39, 1799-1800.
(3) In Joan. 13. 9. P. G. 14, 412.
(4) In Ps. 1, P. G. 12, 1088.- In Ps. 4, P. G. 12, 1133,

souvent en effet les développements qu'ils donnent à leurs explications se rattachent intimement à cette même tradition. Cette tradition symbolique, comment s'est-elle formée? Notre Seigneur en a posé les fondements. Les Apôtres et saint Paul surtout en ont donné les grandes lignes, et nous ne croyons pas être téméraires en disant que le Saint-Esprit lui a donné son accroissement par son action incessante au sein de l'Église. Nous la trouvons déjà développée et formulée dès le second siècle dans la Clef de saint Méliton, car cet ouvrage, nous ne craignons pas de l'affirmer, est une véritable somme du symbolisme chrétien qu'il résume, à ce point que tel ou tel passage des auteurs postérieurs semble n'être que le commentaire de la formule brève et concise du saint évêque de Sardes. Les textes que nous avons déjà cités au cours de ce travail suffisent amplement à justifier notre assertion sans qu'il soit nécessaire d'entrer dans des développements étrangers au sujet que nous traitons en ce moment.

Au reste, nous en trouverons peut-être une nouvelle preuve à propos du symbole que nous étudions présentement. Saint Méliton dans son ouvrage nous enseigne que le terme de Grappe au Cantique des Cantiques (1) doit s'entendre de Notre Seigneur (2), mais ainsi qu'il le fait ordinairement, il se contente d'une brève indication sans entrer, dans aucune explication. Cette explication, ne la retrouvons nous pas dans Origène et saint Grégoire de Nysse, qui tous deux nous montrent en quel sens ce nom doit être donné à Notre Seigneur dans ce passage du livre inspiré.

Origène commence par faire remarquer que ce verset : Mon bien aimé est pour moi comme une grappe de raisin de Cypre dans les vignes d'Engaddi (3), se rattache aux deux qui précèdent. L'épouse s'adresse à ses compagnes et leur dit d'abord : Mon nard m'a parfumé de la bonne odeur de mon époux, ensuite : Mon époux a été pour moi comme un bouquet de myrrhe, il demeurera entre mes deux mammelles; troisièmement enfin, il est la grappe de Cypre des vignes d'Engaddi, surpassant en suavité tous les parfums et toutes les fleurs. Elle excite par là ses compagnes à toujours aimer et chérir de plus en plus son époux. C'est pour cela qu'elle nomme successivement et l'un après l'autre, d'abord le nard, puis la myrrhe, puis la grappe de raisin, leur enseignant ainsi les divers degrés de l'amour. Maintenant, voyons quel est le sens spirituel de ce passage. La grappe nommée ici, c'est le fruit de la vigne. Nous l'entendons du Verbe de Dieu, qui, de même qu'il est sagesse, vertu, trésor de

(1) Cant. 1. 13.
(2) Clavis ad. V. Botrus.
(3) Cant. 1. 13.

science et beaucoup d'autres choses est aussi appelé vigne. En tant qu'il est sagesse et science, ce n'est pas subitement et tout d'un coup, mais par degrés et par des progrès en rapport avec le zèle, l'ardeur et la foi de ceux qui participent à la sagesse et à la science, que le Verbe divin les rend savants et vertueux. Il en est de même en ceux pour qui le Verbe se fait vigne, il ne produit pas de suite en eux des grappes à leur maturité, ne devient pas subitement pour eux le vin plein de suavité qui réjouit le cœur de l'homme, mais il produit tout d'abord le suave parfum de la vigne en fleurs. L'Écriture rappelle que cette grappe fleurit dans les vignes d'Engaddi. C'est au commencement que la bonne odeur de la grâce est répandue dans l'âme, afin qu'elle puisse ensuite endurer l'amertume des tribulations et des tentations, épreuves de ceux qui croient au Verbe de Dieu. Il fait ensuite goûter aux âmes la douceur de ses fruits dans leur maturité, jusqu'à ce qu'il les conduise au pressoir d'où découle le sang de la grappe, le sang du nouveau Testament qu'on boit au jour solennel et dans le cénacle où le grand repas a été préparé. C'est par ces degrés successifs que doivent progresser et marcher, ceux qui initiés au mystère de la vigne et de la grappe tendent à la perfection et veulent boire le calice du nouveau Testament que Jésus-Christ leur présente (1).

Saint Grégoire de Nysse avait évidemment sous les yeux le commentaire d'Origène, lorsqu'en interprétant le même texte de l Écriture, il s'exprime en ces termes : Mon bien aimé est pour moi une grappe de raisin de Cypre dans les vignes d Engaddi (2). Qui est assez heureux, ou plutôt, qui est parvenu à ce point au dessus de toute béatitude, qu'il puisse dans le fruit que produit son âme. grappe spirituelle, contempler le maître de la vigne. Voyez à quel point s'est élévée cette âme qui dans son propre nard reconnait le parfum de l'époux, qui est pour lui myrrhe odorante, en conserve en son cœur le parfum comme ramassé en un faisceau, de telle sorte que toujours elle respire ce grand bien. Elle devient la mère de la grappe divine, en fleur avant la passion, qui durant la passion produit du vin. En effet, il est en sa passion selon l'économie divine, le sang de la grappe, le vin qui réjouit le cœur. La grappe nous procure donc une double jouissance : en fleur, elle réjouit nos sens par son parfum, quand son fruit est arrivé à sa maturité il est en notre pouvoir de nous délecter en le mangeant, de faire du vin l'ornement de nos festins. Ici l'épouse demande que la grappe porte son fruit, la grappe qu'elle appelle de Cypre, fleur de la vigne. L'enfant Jésus qui naît en nous progresse diversement dans ceux qui le reçoivent, en sagesse, en âge, et en grâce, il

(1) In Cant. lib. 2. P. G. 13, 142.
(2) Cant. 1-13.

n'est pas le même en tous, il mesure sa venue en chacun selon que chacun est capable de le recevoir ; il apparait enfant, il progresse, il est parfait, comme il arrive pour la grappe de raisin, qui n'a pas toujours sur le cep le même aspect, mais en change avec le temps, apparaît en fleur, grossit, arrive à maturité, et se transforme en vin. La grappe de la vigne est une promesse, bien qu'elle ne soit pas encore susceptible de devenir du vin, et qu'il faille pour cela attendre le temps convenable, elle ne laisse pas cependant d'être agréable et délectable, elle réjouit l'odorat au lieu de réjouir le goût, elle charme par l'attente du bien qu'elle doit produire, cet espoir est comme un parfum qui réjouit les sens de notre âme. La certitude absolue du bien qu'on espère est en quelque sorte une jouissance pour ceux qui l'attendent dans la patience. Ainsi en est-il de cette grappe de raisin de Cypre qui promet le vin, mais ne l'est pas encore ; par sa fleur, (car la fleur, c'est l'espérance) elle nous assure de la grâce à venir. Le mot Engaddi qu'ajoute l'Écriture, signifie la terre fertile, dans laquelle la vigne a pris sa racine, et produit son fruit suave et nourissant. Les écrivains qui nous parlent de cette localité nous disent que le pays d'Engaddi est très propre à la culture de la vigne.... Donc, cette vigne de l'époux enracinée dans la terre fertile d'Engaddi, c est-à-dire au plus intime de notre pensée, est comme arrosée par les enseignements divins qui lui donnent son accroissement, elle a produit cette grappe printanière et fleurie dans laquelle elle contemple celui-là même qui l'a plantée et la cultive. Combien est heureux ce champ dont le fruit reproduit la beauté de l'époux. Celui-ci est la vraie lumière, la vraie vie, la justice véritable, ainsi que dit la Sagesse. Or celui qui par ses œuvres parvient à devenir ce qu'il est, contemple l'époux lui-même, lorsqu'il considère en sa conscience le fruit, grappe spirituelle, qui s'y trouve. Il voit dans la pureté de sa vie sans tache se réfléchir la lumière de vérité. Aussi cette vigne fertile peut-elle dire : Il est à moi le raisin en fleur. c'est lui, la grappe véritable, qui s'est montré suspendu et porté sur le bois, dont le sang pour ceux qu'il sauve et réjouit, devient breuvage de salut, dans le Christ Notre-Seigneur, à qui soit gloire et puissance dans les siècles des siècles (1).

Les textes que nous venons de citer, ne sont-ils pas un véritable commentaire de cette parole étonnante de saint Paul, qui nous paraitrait exagérée, étrange, excessive, si elle n'était pas inspirée; Je vis, mais ce n'est plus moi qui vis, c'est Jésus Christ qui vit en moi (2). Il est difficile, croyons-nous, d'exprimer avec plus d'énergie que ne le font Origène et saint

(1) In Cant. Hom. 3. P. G. 44. 828-829.
(2) Gal. 2. 20.

Grégoire de Nysse, les effets mystérieux de cette union de l'âme avec le Verbe divin, de ces noces mystiques qui font que l'époux et l'épouse ne sont plus qu'un, que l'épouse perd son nom pour prendre le nom de celui auquel elle s'unit. Au reste, c'est l'idée dominante du Cantique des Cantiques, elle le remplit tout entier. Tous les saints Pères ont vu dans les paroles inspirées de Salomon, le tableau du mariage de l'âme fidèle avec la divine Sagesse, la peinture des degrés ascendants par lesquels l'âme doit monter pour se consommer dans cette union ineffable avec Notre-Seigneur.

Ecoutons encore sur ce sujet saint Grégoire de Nysse. C'est, dit-il, le Verbe qui crie à l'Église : Lève-toi, toi qui as failli, qui es plongée dans la boue de tes crimes, toi que le serpent a enchainée, qui es tombée à terre à cause de ta désobéissance... (1) Par quels progrès dans la vertu comme par autant d'échelons, le Verbe divin conduit-il son épouse jusqu'au sommet (de la perfection). Il fait pénétrer en elle les rayons de sa lumière par les fenêtres du prophète, à travers les taillis des préceptes de la loi. Il la convie à s'approcher de la lumière, à devenir belle comme la colombe transformée dans la lumière. Puis lorsque autant qu'elle l'a pu, l'âme a participé à ces biens ; le Verbe recommençant à nouveau pour ainsidire, comme si jusqu'alors elle n'en eût gouté aucun, l'entraîne à la jouissance de biens encore plus éminents, de telle sorte, que dans la mesure où elle progresse, le désir du bien qu'elle contemple toujours devant elle s'accroit, et l'abondance toujours plus grande de biens plus parfaits, fait qu'il lui semble être toujours au premier degré de son ascension. C'est pour cela que, de nouveau, le Verbe dit à l'âme éveillée: Lève toi, à celle qui marche : Viens. Jamais en effet, celui qui s'est levé ne doit cesser de se lever, jamais ne finira la carrière de la course que doit fournir, celui qui court au Seigneur. Il faut toujours être éveillé, ne jamais nous arrêter dans notre course pour approcher du but. A chaque fois que le Verbe dit : Lève toi, il nous donne la force de gravir un nouveau dégré de perfection..... Lorsqu'il ordonne à celle qui déjà est belle de devenir belle, il rappelle à notre mémoire cette parole de l'apôtre qui veut que la même image se transforme de gloire en gloire (2). Ainsi ce que reçoit l'âme est toujours glorieux, et ce qui ensuite se présente encore à elle, quelque grand et élevé qu'il soit, est toujours au dessous de ce qui est le sujet de son espérance (3).

C'est ainsi, ô mon Dieu, que vos saints comprenaient l'amour qu'ils vous devaient. Combien n'avons nous pas sujet de rougir, pauvres pécheurs que

(1) In Cant. Hom. 5. P. G. 44. 868.
(2) 2. Cor, 3. 18.
(3) In Cant. Hom. 5. P. G. 44. 876.

nous sommes, nous qui sourds aux invitations de votre amour, loin de courir à votre suite, dédaignons d'y répondre, et laissons couler inutilement pour nos âmes le sang divin de la sainte grappe écrasée sous le pressoir de la passion. Faites nous la grâce, Seigneur, que ce sang précieux versé pour nous, ne devienne pas notre jugement et notre condamnation, mais que, par votre bonté, il nous serve de défense pour notre âme et pour notre corps, et de remède salutaire.

Dom Georges Legeay,

Bénédictin de la Congrégation de France.

Arras. — Imp. Sueur-Charruey, rue des Balances, 10.

de
le-
le
ré-
n-
tre

www.ingramcontent.com/pod-product-compliance
Ingram Content Group UK Ltd.
Pitfield, Milton Keynes, MK11 3LW, UK
UKHW020945220726
13924UKWH00002B/509